Geh
deinen
Weg …

Geh
deinen
Weg ...

DEUTSCHE
BIBEL
GESELLSCHAFT

edition chrismon

Das Tagesgeschenk

Stell dir vor, jeden Morgen stellt dir eine Bank 86.400 Euro auf deinem Konto zur Verfügung. Du kannst den gesamten Betrag an einem Tag ausgeben. Allerdings kannst du nichts sparen, was du nicht ausgegeben hast, verfällt. Aber jeden Morgen, wenn du aufwachst, eröffnet dir die Bank ein neues Konto mit neuen 86.400 Euro für den kommenden Tag. Außerdem kann die Bank das Konto jederzeit ohne Vorwarnung schließen. Sie kann sagen: Das Spiel ist aus. Was würdest du tun?

Dieses Spiel ist Realität: Jeder von uns hat so eine magische Bank: die Zeit. Jeden Morgen bekommen wir 86.400 Sekunden Leben für den Tag geschenkt. Was wir an diesem Tag nicht gelebt haben, ist verloren, für immer verloren. Aber jeden Morgen beginnt sich das Konto neu zu füllen. Was also machst du mit deinen täglichen 86.400 Sekunden?

MARC LEVY

Ein Wallfahrtslied

Ich hebe meine Augen auf zu den Bergen.
Woher kommt mir Hilfe?
Meine Hilfe kommt vom Herrn,
der Himmel und Erde gemacht hat.
Er wird deinen Fuß nicht gleiten lassen,
und der dich behütet, schläft nicht.
Siehe, der Hüter Israels
schläft noch schlummert nicht.
Der Herr behütet dich;
der Herr ist dein Schatten über deiner rechten Hand,
dass dich des Tages die Sonne nicht steche
noch der Mond des Nachts.
Der Herr behüte dich vor allem Übel,
er behüte deine Seele.
Der Herr behüte deinen Ausgang und Eingang
von nun an bis in Ewigkeit!

PSALM 121

Psalm 121_gezwitschert

Gott beschützt und errettet mich. Er behütet mich jeden Tag und jede Nacht bis in Ewigkeit. Nie wird er mich verlassen, nie von mir weichen.

7

Mehr als Sonnenuntergänge

***„Meine Liebe"*,** sagte Gott, als er die Liebe schuf, „du bist für die Traumprinzen, für die Menschen- und auch für die Katzenbabys da und für die angesagten Popbands noch dazu."

***„Nee"*,** sagte die Liebe, „schönen Dank auch. Das klingt ja sehr nett, ist mir aber zu eintönig. Ich will für alle da sein."

Gott runzelte die Stirn. „Damit machst du dir weniger Freunde."

***„Kann schon sein"*,** sagte die Liebe, „aber das macht mir nichts. Ich bin stark." Und das war sie. „Ich bin auch für die Halsabschneider da und für die pickligen kleinen Jungs von nebenan."

Die traut sich was, dachte Gott, und das gefiel ihm. Er nutzte die Gunst der Stunde: „Dann musst du auch die Zecken nehmen." Er ahnte schon, dass sie wenig Freunde haben würden.

„Warum nicht?", sagte die Liebe.
Sie hatte wirklich ein weites Herz.

Eigentlich hatte Gott bei der Liebe
an etwas Zartes und Romantisches
gedacht, an Sorglosigkeit und Sonnen-
untergänge. Diese hier war anders.
Sie war kräftig und wild. Sie schien vor
nichts zurückzuschrecken und es mit
allen aufzunehmen.

SUSANNE NIEMEYER

Tanze, als würde
niemand zusehen.
Liebe, als wurdest du
niemals verletzt.
Singe, als würde
niemand zuhören.
Lebe, als wäre der
Himmel auf Erden.

MARK TWAIN

Lebenskunst

Das Geheimnis aller
Lebenskunst liegt darin,
das Leben nicht
zu ernst zu nehmen,
aber ernst genug,
wenn es ernst wird.

HANS KRUPPA

ICH GLAUBE

Ich glaube, dass Gott aus allem,
auch aus dem Bösesten,
Gutes entstehen lassen kann und will.
Dafür braucht er Menschen,
die sich alle Dinge zum Besten dienen
lassen.

Ich glaube, dass Gott uns in jeder
Notlage so viel Widerstandskraft
geben will, wie wir brauchen.

Aber er gibt sie nicht im Voraus,
damit wir uns nicht auf uns selbst,
sondern allein auf ihn verlassen.
In solchem Glauben müsste alle Angst
vor der Zukunft überwunden sein.

Ich glaube, dass auch unsere Fehler
und Irrtümer nicht vergeblich sind
und dass es Gott nicht schwerer ist,
mit ihnen fertigzuwerden,
als mit unseren vermeintlichen
Guttaten.

Ich glaube, dass Gott kein zeitloses
Fatum ist, sondern dass er auf
aufrichtige Gebete und verantwortliche Taten wartet und antwortet.

DIETRICH BONHOEFFER

In Zeiten des Egoismus
und des Hasses,
in denen jeder gegen
jeden kämpft, verlasse
ich mich auf Gott.
Er wird mich erhören.

TWEET ZU MICHA 7,1–7

13

Land in Sicht!

Laut schallt dieses Signal am 12. Oktober im Jahr 1492 über ein Schiff vor einer Inselgruppe der Bahamas. Und zwar keine Sekunde zu früh. Eine Meuterei stand kurz bevor, weil niemand der Mannschaft jemals so lange unterwegs war, ohne Land zu sehen. Über einen Monat lang nur Wasser. Doch die Strapazen wurden belohnt. Christoph Columbus und seine Crew entdecken Amerika. Das wusste allerdings noch niemand von ihnen. Sie wollten eigentlich einen neuen Seeweg nach Indien ausfindig machen und waren erstmal froh, überhaupt Land zu sehen.

Sowas ist mir – im übertragenden Sinn – auch schon passiert. Da warte ich wochenlang auf die Zusage für einen Job, schippere ewig auf dem Meer der Unsicherheit, hatte die Hoffnung schon fast aufgegeben. Und auf einmal kommt ein Jobangebot um die Ecke, das ich nie erwartet hätte. Wahnsinn!

Gleichzeitig weiß ich: Es müssen nicht immer die großen Dinge, des Lebens sein, die unverhofft entdeckt werden. Nichts ist schöner, als wenn der Alltag durch überraschende Momente erhellt wird. Bei einem Krisengespräch zum Beispiel. Wenn man entdeckt, dass der andere doch gar nicht so fies ist, wie ich immer dachte. Oder wenn die Spülmaschine ausgeräumt wird, obwohl ich eigentlich WG-Küchendienst hätte.

Jesus Christus empfiehlt für große und kleine Meersituationen: „Quält euch also nicht mit Gedanken an morgen; der morgige Tag wird für sich selber sorgen."

DANIEL SCHNEIDER
(ZU MATTHÄUS 6,34)

14

Happy Birthday

Geburtstage sind Feiertage. Feiertage des Lebens. Gerade jetzt werden Menschen geboren oder haben Geburtstag. Vielleicht du selbst, oder deine Oma, dein bester Freund, dein Schatz, dein Friseur oder dein Chef. Jeder ist einzigartig: Mit Ecken, Kanten, Macken, Talenten, Gaben und unverwechselbar. Liebenswert.

Ich feiere die Menschen, die mein Leben bereichern. Geburtstage sind Feiertage. Feiertage des Lebens. Ein Wunder.

Menschen, Tiere, Pflanzen, werden geboren und wachsen. Ich feiere den, den ich Schöpfer nenne und dem ich mein Leben verdanke: Gott.

„Du hast mich geschaffen mit Leib und Geist, mich zusammengefügt im Schoß meiner Mutter. Dafür danke ich dir, es erfüllt mich mit Ehrfurcht. An mir selber erkenne ich: Alle deine Taten sind Wunder!"

Ich feiere die Schöpfung.
Ich feiere mein Leben: Happy Birthday.

DANIEL SCHNEIDER (ZU PSALM 139,13–14)

Der Weg

Ich bin der Weg.
Ich war vor dir
und werde sein,
wenn du nicht mehr bist.
Eure Schritte hinterließen
ihre Spuren auf mir.
Fährten, Furchen, Fußstapfen.
Einige kann man sehen,
sie haben sich eingeprägt.
Andere verwischten
mit der Zeit
und mit dem Regen.

Reiche und Arme,
Nahe und Fremde
lasteten auf mir.
Manche Füße waren leicht,
zogen fröhlich entlang.
Andere schritten schwer
fremden Zielen zu.
Manchmal traten mich
im Gleichschritt schwere Stiefel.
Jetzt machst du dich
auf den Weg.
Ich gebe dir Halt.
Ich bin der feste Boden

unter deinen Füßen.
Vom ersten Schritt
bis zum letzten Gang
werde ich dich und deine
Last
tragen.
Ich bin der Weg.
Ich bin vor dir und
werde noch sein,
wenn du nicht mehr bist
hier.

TOBIAS PETZOLDT

Du bist richtig
auf diesem Planeten,
nicht, weil du
werweißwas
darstellst, sondern
weil Gott dir das
Leben hier schenkt.

TWEET ZU RÖMER 4,1–10

21

Wozu braucht man die Bibel?

„Wozu sich die Mühe machen und die Bibel interpretieren?", fragte der Biologe Richard Dawkins während einer öffentlichen Debatte in der Oxford University. „Warum nicht über Moral und Spiritualität auf dem Wissensstand unserer Zeit reden?" Dawkins wollte es wirklich wissen. Er bekam keine Antwort.
Wozu der Umweg über uralte Literatur? Die Antwort ist schlicht: Wer die Bibel liest, führt ein Gespräch über die Generationen hinweg. Er oder sie versucht, die Gedanken von Menschen zu verstehen, die nicht mehr leben, deren Welt nicht mehr existiert, deren Kultur gänzlich unbekannt ist. Er oder sie taucht in andere Welten ab und lernt, die eigene Welt in einem neuen Licht zu sehen.

Ein Beispiel: Die ältesten Erzählungen des Alten Testaments spielen in einer anarchischen Welt, in der Stämme ihre Belange regelten und außerhalb der Sippe das Faustrecht galt. Sie geben einen Einblick in die Abgründe der Anarchie. Und sie erzählen, wie mühsam es war, in dieser Welt das Recht zu etablieren. Sie führen noch heute vor Augen, wie wichtig ein weltweit gültiges Recht für den gesellschaftlichen und für den internationalen Frieden ist.

Erst die Erfindung der Schrift ermöglichte das Gespräch über die Generationen hinweg. Buchstaben halten starr fest, was sonst in der mündlichen Überlieferung wandelbar und anpassungsfähig ist: Erzählungen, Gesetze, Briefe, Spruchweisheiten, Lieder. In der Bibel sind viele solcher Texte gesammelt. Bibeln waren kostbare Bücher, sie wurden vererbt. Professionelle Schreiber und Mönche schrieben sie ab. Aber je länger die Autoren der biblischen Texte tot waren, desto rätselhafter erschienen ihre Gedanken. Die Nachgeborenen kannten weder die Umstände, unter denen sie geschrieben hatten, noch die Leute, von denen sie erzählten.

Der Prophet Jesaja kündigte in einer politischen Krise an, eine junge Frau werde einen Königssohn gebären (Jesaja 7). Jahrhunderte später wussten die Menschen nichts mehr von der Krise. Sie bezogen die ausdrucksstarken Bilder auf sich. Ein kreatives Missverständnis: Sie glaubten, Jesaja kündige an, eine Jungfrau werde einen göttlichen Retter zur Welt bringen. Die Deutung befeuerte eine verbreitete messianische Hoffnung.

Auch Deutungen sind wandelbar.
Etwa bei dieser Erzählung: Ein Gott verlangt vom frommen Abraham, das eigene Kind zu opfern. Dann ändert er seine Meinung. Ursprünglich war diese alte Erzählung wohl ein Manifest gegen Menschenopfer. Erst als Menschenopfer längst abgeschafft waren, sah man in ihr einen Gehorsamstest. Gott verlangt Abraham etwas Unmögliches ab: seinen Sohn zu töten. Gott sieht, wie weit Abrahams Gehorsam

geht, und wendet die grausame Tat ab. Wieder späteren Generationen war solcher Kadavergehorsam suspekt. Sie deuteten die Geschichte als Zielkonflikt zwischen Eltern- und Gottesliebe, als ethisches Dilemma. Weil man der Geschichte stets aufs Neue auf den Grund kommen wollte, ergaben sich ganz neue Überlegungen.

Die Bibel hat über die Jahrhunderte immer wieder neue Gedanken angestoßen. Sie hat einen ungeheuren kulturellen Reichtum hervorgebracht. Sie bildete in Lebensfragen und regte dazu an, ethische Probleme zu durchdenken. Für einen Evolutionsbiologen sollte das schon als Argument genügen.

Für Theologen reicht das allerdings nicht. Sie fragen: Was unterscheidet biblische Texte von x-beliebiger altorientalischer Literatur? Die biblischen Texte kommunizieren das Evangelium, die Leben schaffende und Wunden heilende Gegenwart Gottes, antwortet der Theologe und Ethiker Ingolf U. Dalferth.

Christen betrachten die Auslegungsgeschichte der Bibel nicht von außen. Sie erleben sie von innen. Sie glauben, dass mit Jesus von Nazareth Gott den Menschen nahekam und weiterhin nahekommt. Sie lassen sich von dem tragen, was Zeugen damals über diesen Jesus von Nazareth erzählten. Sie lassen sich von der Hoffnung, die von diesen Erzählungen ausgeht, stärken. Sie setzen auf ihre verwandelnde Kraft.

BURKHARD WEITZ

Auf geht's!
Er wartet

Wann haben wir dich krank oder im Gefängnis gesehen und sind zu dir gekommen? Und der König wird antworten und zu ihnen sagen: Wahrlich, ich sage euch: Was ihr getan habt einem von diesen meinen geringsten Brüdern, das habt ihr mir getan. Dann wird er auch sagen zu denen zur Linken: Geht weg von mir, ihr Verfluchten, in das ewige Feuer, das bereitet ist dem Teufel und seinen Engeln! Denn ich bin hungrig gewesen und ihr habt mir nicht zu essen gegeben. Ich bin durstig gewesen und ihr habt mir nicht zu trinken gegeben. Ich bin ein Fremder gewesen und ihr habt mich nicht aufgenommen. Ich bin nackt gewesen und ihr habt mich nicht gekleidet. Ich bin krank und im Gefängnis gewesen und ihr habt mich nicht besucht.

Dann werden auch sie antworten und sagen: Herr, wann haben wir dich hungrig oder durstig gesehen oder als Fremden oder nackt oder krank oder im Gefängnis und haben dir nicht gedient? Dann wird er ihnen antworten und sagen: Wahrlich, ich sage euch: Was ihr nicht getan habt einem von diesen Geringsten, das habt ihr mir auch nicht getan. Und sie werden hingehen: diese zur ewigen Strafe, aber die Gerechten in das ewige Leben.

MATTHÄUS 25,39–46

Auf geht's_gezwitschert

Einem Mitmenschen Gutes tun? Wer's probiert, merkt, dass Jesus im anderen steckt. Kranke pflegen, Gefangene besuchen: Auf geht's! Er wartet.

27

Wenn du wissen willst,
wie alles das geschehen kann,
dann frage die Gnade,
nicht die Wissenschaft,
die Sehnsucht, nicht den Verstand,
das Beten, nicht die Bücher,
den Geliebten, nicht den Lehrer,
Gott, nicht den Menschen.
Frage nicht das Licht, frage das Feuer,
das dich entflammt.

BONAVENTURA

Der Herr ist dein Licht, geh ihm entgegen.
TWEET ZU JESAJA 60,1–6

Moment-aufnahme

Manchmal denke ich, dass ich als Kind vielleicht näher dran war an Gott, als ich es heute bin. Und vielleicht denkt Gott das auch. Weil er mich noch von früher kennt. Wie ich war. Im Sommer, in der Hängematte liegend, ganz still, eine Schale Kirschen in den kleinen Händen. Über mir Kastanienbäume und Wolkenträume. Nichts denken. Nichts tun. Nur sein. Vor allem glücklich. Kirschenkauend und wolkenguckend. Die Hängematte bewegt sich sachte im Wind. Und wenn ich die Beine in die Luft strecke, sieht es aus meiner Perspektive so aus, als könnten meine nackten Füße über das weite

Blau laufen. Meine Beine bilden eine Brücke zwischen Himmel und Erde. Meine Seele ist stille zu Gott. (Psalm 62)

Wenn ich heute Kirschen esse, dann gucke ich dabei Fotos auf Instagram. Oft mache ich sogar selbst ein Bild. Um den Moment festzuhalten. Die Kirschen. Und den Sommer. Vielleicht ein bisschen was von mir selbst und dem Gefühl, diesem köstlichen Sommerkirschgefühl, das bitte nicht so schnell vorbei sein soll. Nichts denken, nichts tun, nur sein: Das fällt mir heute schwer. Denn mein Kopf und mein Herz sind meist schon einen Moment weiter. Weil ja doch nichts bleibt, wie es ist. Ich glaube, darum zu wissen, und deswegen will ich festhalten, was mir gefällt. Es konservieren. Für Zeiten, in denen keine Kirschen an den Zweigen hängen, in mir drin mehr Winter als Sommer ist und der Himmel unendlich weit weg scheint. „Vorausschauend zu sein", das ist ein Charakterzug, der meist positiv bewertet wird. Denn er bewahrt uns scheinbar vor Katastrophen und Komplikationen. Er gibt uns das Gefühl, alles im Griff zu haben. Aber dieses „Vorausschauendsein" nimmt mir auch das, worin ich als Kind so gut war: hier sein. Nur hier sein. Kirschen kauen und Wolken gucken. Mit den Beinen eine Brücke bauen. Ohne Gedanken an ein Später. Das klappt nicht, wenn man sich selbst und dem Leben immer schon einen Schritt vorauseilt, auch wenn es nur in Gedanken ist.

Manchmal bedaure ich es sehr, dass wir mit dem Erwachsenwerden zwar viel lernen, aber auch viel verlernen. Wie ging das nochmal? Dieses Hiersein und nicht immer noch mehr wollen? Ich vermisse das, und deswegen erkläre ich die Ferienzeit zu einer Fastenzeit: Ich verzichte auf das Vorausschauen. Will nicht am ersten Urlaubstag schon den letzten fürchten. Ich will mich überraschen lassen. Vielleicht auch von mir selbst. Will die Reiseführung einem anderen überlassen. Will weniger konservieren und lieber mehr probieren. Kirschen schmecken ohnehin am besten frisch gepflückt und nicht aus der Dose. Vielleicht habe ich so am Ende des Sommers weniger Fotos auf dem Handy als sonst, aber vielleicht ein volleres Herz. Und eine Seele, die stille ist, zu Gott. Ein bisschen so wie früher.

HANNA BUITING

Für die
Sterne

Ich kenn einen Jungen, so seltsam und weise.
Manchmal ist er Stunden ganz versunken und leise.
Dann wieder wild und kaum zu halten,
als wär' er erfüllt von Naturgewalten.

Er sagt: „Ich bin nicht hier, um mich zu bemühen.
Ich bin hier, um zu glühen.
Ich bin hier, um zu blühen.
Ich bin nicht hier, um dir zu gefallen,
nicht hier, um dir zu gefallen."

Ich weiß noch genau, wie wir uns trafen.
Der Himmel war blau, ich hatte schlecht geschlafen.
Er saß gegenüber in einer Regionalbahn
und erzählte über Dinge, die mir vorher egal war'n.

Er sagt: „Ich bin nicht hier, um mich zu bemühen.
Ich bin hier, um zu glühen.
Ich bin hier, um zu blühen.
Ich bin nicht hier, um dir zu gefallen,
nicht hier, um dir zu gefallen.

Nein, ich bin hier für die Sterne
und ich bin hier sehr gerne
und ich bin hier, weil ich lerne,
ich bin nicht hier, um dir zu gefallen.
Ich bin hier, um mir zu gefallen."

Und ich seh ihn oft an verschiedenen Orten
und lausche oft noch seinen Worten.

Er sagt: „Ich bin nicht hier, um mich zu bemühen.
Ich bin hier, um zu glühen.
Ich bin hier, um zu blühen.
Ich bin nicht hier, um dir zu gefallen.

Und ich bin nicht hier für die Bilanz.
Ich bin hier für den Glanz.
Ich bin hier für den Tanz.
Ich bin nicht hier, um dir zu gefallen,
nicht hier, um dir zu gefallen.

Nein, ich bin hier für die Sterne
und ich bin hier sehr gerne
und ich bin hier, weil ich lerne,
ich bin nicht hier, um dir zu gefallen.
Ich bin hier, um mir zu gefallen."

STEFAN EBERT

33

Leben wird nicht
gemessen an
der Zahl von
Atemzügen,
die wir nehmen;
sondern an den
Momenten,
die uns den
Atem nehmen.

MAYA ANGELOU

*Im Grunde,
sagt mein Freund,
ist die Welt, in der
wir leben, zu
kompliziert für uns.*

„Im Grunde", sagt mein Freund, „ist die Welt, in der wir leben, zu kompliziert für uns."

„Das sagen die Populisten auch", sage ich.

„Nein", sagt mein Freund, „sie sagen, die Welt sei einfach, wir hätten sie nur verkompliziert, und die könne man rückgängig machen. Aber das stimmt natürlich nicht. Wir wissen zum Beispiel zu viel."

„Sollten wir weniger wissen?", sage ich. „Das wäre die Donald-Trump-Lösung. Nichts wissen und trotzdem regieren. Man kann doch gar nicht genug wissen."

„Aber es überfordert uns! Nein, es ist, wie es ist, das ist nicht zu ändern. Wir können heute im Prinzip fast alles wissen. Du weißt, dass dieses Bier, das du gerade bestellt hast, möglicherweise unter Bedingungen hergestellt wurde, die du nicht billigst. Du weißt, dass bei der Produktion der Avocado, die du gestern gegessen hast, mit Sicherheit sehr viel Wasser verbraucht wurde, und dass für das Feld, auf dem sie wuchs, ein Wald gerodet wurde. Du weißt, dass der Skizirkus, wo du in den Ferien mit deiner Familie gastierst, die Umwelt der Alpen in eine lärmende, kreischende Industrie verwandelt hat. Du weißt das alles, wie wir eben heute fast alles wissen oder jedenfalls fast alles wissen könnten. Und du versuchst in diesem Wissen ein richtiges und anständiges Leben zu führen, du tust also dieses nicht und jenes trotzdem, du lavierst und fühlst dich manchmal gut und bisweilen schlecht – aber wie man das alles eigentlich innerlich verarbeiten und zusammenbringen soll, davon hast du wirklich keine Ahnung. Weil: Du hast nämlich auch noch einen Beruf und eine Familie und ein paar Sorgen, die nichts mit dem Zustand der Welt zu tun haben, du musst dich darum kümmern, und das kostet den Hauptteil deiner Energie. Dann ist für die Rettung der Welt möglicherweise nicht mehr genug übrig. [...]

„Isst du Fleisch?", frage ich.

„Warum?", fragt er. [...]

„Weil es, wie wir vorhin schon besprachen, so viele Menschen beschäftigt, ob sie Fleisch essen sollten. Und wie viel."

„Ich glaube, dass es viele Menschen überhaupt nicht beschäftigt", sagt mein

39

Freund. „Aber in den Kreisen, in denen du lebst und auch ich, beschäftigt es viele. Und bei den jungen Leuten werden es immer mehr, die es beschäftigt."

„Jedenfalls sind über das Essen und das Nichtessen von Fleisch schon viele Bücher geschrieben worden", sage ich. „Es handelt sich um eine von diesen Entscheidungen, die man heute treffen muss und die unsere Eltern noch gar nicht kannten."

„Ich bin kein Vegetarier", sagt mein Freund. „Ich liebe gute Wirtshäuser, und ich mag eine gute Schweinshaxe. Ich weiß, dass für die Schweinshaxe ein Schwein sterben musste, und deshalb halte ich es für eine Sünde, wenn die Schweinshaxe schlecht ist, weil ich es nicht mag, dass Schweine sterben müssen für schlechte Schweinshaxen mit einer ledernen, zähen Kruste, die das Wort nicht verdient."

„Vielleicht wird sich unsere Kultur ändern", sage ich. „Vielleicht wird man uns eines Tages als barbarisch empfinden, weil wir Schweinshaxen essen, so wie wir heute die Azteken als barbarisch empfinden, weil sie Menschenopfer darbrachten. Für die Azteken war das aber richtig so."

„Soweit du über Azteken Bescheid weißt", sagt mein Freund.

„Was ich sagen will: Früher haben andere die Entscheidungen für dich getroffen, die Gesellschaft, die Kirche zum Beispiel. Heute trifft jeder die Entscheidungen selbst, sei es aus Gründen der eigenen Überzeugung, sei es, um, nachdem so viele Instanzen wie die Kirchen, Gewerkschaften und so weiter an Bedeutung verloren haben, sich selbst auf irgendeine Weise eine Instanz zu sein, die ein wenig Kontrolle hat über die Welt."

„Macht die Sache nicht einfacher", sagt mein Freund.

„Das ist es ja, womit viele nicht zurechtkommen.", sage ich und trinke von meinem Bier. Es entsteht eine Pause.

„Übrigens glaube ich nicht, dass wir zu viel wissen", sage ich dann. „Ich glaube, wir wissen oft viel zu wenig. Wir haben das Gefühl, viel zu wissen, weil wir in jeder Sekunde irgendwie informiert oder jedenfalls mit Informationen beballert werden, aber in

Wahrheit kennen wir oft nur Zwischenstände oder oberflächliche Bilder, wir erkennen Zusammenhänge nicht, uns fehlen Hintergründe, wir reagieren dann impulsiv und spontan, nur so ist doch dieses Hin und Her der Politik zu erklären, der wir heute ausgesetzt sind, die wir aber selbst mitbestimmen."

„So ist das eben heute", sagt mein Freund achselzuckend. „Was willst du tun?"

„Zumindest sollte man sich bewusst sein, dass es so ist", sage ich. „Es wäre anständig, sich das selbst einzugestehen, es wäre vernünftig, den Zweifel als Tugend zu sehen und die Selbstgewissheit gering zu schätzen."

AXEL HACKE

41

Darauf
vertraue ich

Dass du da bist und mich siehst,
mich in deine Welt reinziehst,
dass du liebst und mir vergibst,
mir was zutraust und mich schiebst,
du hast alles ausgedacht
und das Licht hier angemacht.

Darauf vertrau ich, das glaub ich.
Darauf, da bau ich.
Darauf vertrau ich, das glaub ich.
Darauf, da bau ich: Ich brauche dich.

Dass du unsre Nähe suchst,
an den Rändern nach uns rufst,
dass du Scherben wieder klebst,
selbst im Tod noch weiter gehst,
stehst in unserm Leben auf,
gibst ihm einen neuen Lauf.

Darauf vertrau ich, das glaub ich.
Darauf, da bau ich.
Darauf vertrau ich, das glaub ich.
Darauf, da bau ich: Ich brauche dich.

Dass dein Geist die Lage dreht,
jedes Kind die Welt bewegt,
dass du groß von Liebe träumst,
keinen Tag mit uns versäumst,
wir sind dann nicht mehr allein,
werden Wahlverwandte sein.

Darauf vertrau ich, das glaub ich.
Darauf, da bau ich.
Darauf vertrau ich, das glaub ich.
Darauf, da bau ich: Ich brauche dich.

MATTHIAS LEMME

Liegestuhl

„Klare Ziele setzen!" Nicht nur in der Welt des Business gilt das als wichtige Empfehlung. Zu den Zielvorgaben, die es zu setzen gilt, treten Zielkontrollen, die regelmäßig erfolgen sollen. Wichtig sei auch, das Ziel möglichst direkt anzusteuern. Vor wenigen Jahren noch zimmerten viele gemütlich an ihrem Häuschen herum. Bis zur Fertigstellung gingen schon mal Jahre ins Land. Wenn in meiner Umgebung eine Baulücke in Angriff genommen wird, ist sie schnell verschwunden. Eben noch wiegte sich wildes Gras im Wind, drei Monate später hat die Gartenfirma bereits den Rasen ausgerollt. Der Bauschutt ist weg, Grillgeruch zieht ums frische Gemäuer, Gläser-

klirren, Hauseinweihung – das gesteckte Ziel ist erreicht! Was aber nun? Zeit, sich neue Ziele zu setzen.

Fährt man zu Kongressen oder Seminaren, heißt es oft zum Einstieg: „Phase eins: Wir kommen erstmal an." Aber ist man denn nicht längst da?, fragt man sich als Seminarteilnehmer. Natürlich! Aber selbst wenn man im Seminarraum Platz genommen hat, geht es offenbar darum, im Leben niemals sitzen zu bleiben. Es zählt das Sich-Bewegen, das Ankommen, Aufbrechen, Ankommen, Aufbrechen. Erwischt einen ein ruhiger Augenblick, soll man ihn am besten nutzen, um sich die Frage zu stellen: „Wo will ich in zwei Jahren stehen?" Wobei dieses Stehen dann gewiss schon wieder in ein Vorwärtsgehen mündet.

Ab und zu unterbricht man sich dann doch, man atmet auf: der Urlaub. Endlich darf ich die Füße und die Seele baumeln lassen. Jedoch macht die Unterbrechung im sonst lückenlosen Leben vielen auch Angst. Denn weshalb wirkt der Urlaub so, als ob es sich um ein leistungsorientiertes Abarbeiten eines Programmkatalogs handelte? Das Übernachtungsangebot ist oft ein Arrangement. Nicht nur in fernen Ferienklubs, sondern auch im heimischen Kleingebirge wird man animiert: mit Sektempfang, Menü in vielen Gängen, Kutschenfahrt, Fackelwanderung und Wildwiesenpflanzenpflücken. Dazu gibt es Trainer für das Fitness-Walken, und die Wege weisen zu Stempelstellen, sodass der Wanderpass am Ende belegt: Der Urlauber hat alle Ziele erreicht.

Theoretisch betrachtet, kann man den Urlaub auch ziellos im Liegestuhl verbringen. Einfach einmal dösen. Sich entspannen – das ist natürlich auch erlaubt, aber selbst das Nichtstun soll professionell betrieben werden, auch dafür gibt es einen Coach. Der Wohlfühlfaktor wird akribisch gesteigert, was auch für das Arbeitsleben profitable Folgen haben wird.

Manchmal frage ich mich, warum eigentlich so oft die Rede davon ist, sich Ziele setzen zu müssen. Vielleicht weil man vermisst, was man sich besonders wünscht? Viele ahnen es, sie haben es erfahren müssen: Das Leben lässt sich nicht mal so eben planen, oft ist es kaum beherrschbar. Wohl deshalb versucht man es umso heftiger, was verkrampfte bis kuriose Züge haben kann. Da entlastet ein Blick auf Jesu Leben, das ziemlich ziellos wirkt. Die Stationen seines Wanderns durch Galiläa und Judäa kann ein geübter Hobbywanderer in wenigen Tagen abklappern, Jesus brauchte dafür aber Jahre! Er steuerte viele Orte mehrmals an, manche Wege ist er immer wieder gegangen, hin und her, er drehte sich im Kreis. Oder er saß – am Tisch und blieb dort lange sitzen. Das zielbewusste Vorwärtsrennen war nicht seine Sache. Er ließ sich eher treiben, als dass er getrieben wirkte. Das Beste im Leben lässt sich ohnehin nicht zielgenau erringen, sagte Jesus. Es kommt eher auf einen zu. So lehrte er die Menschen zu Gott beten: „Dein Reich komme."

GEORG MAGIRIUS

Karriere ist
etwas *Herrliches,*
aber man kann sich
nicht in einer kalten
Nacht an ihr wärmen.

MARILYN MONROE

Der gute Hirte

Der Herr ist mein Hirte,
mir wird nichts mangeln.
Er weidet mich auf einer grünen Aue
und führet mich zum frischen Wasser.
Er erquicket meine Seele.
Er führet mich auf rechter Straße um seines Namens willen.
Und ob ich schon wanderte im finstern Tal,
fürchte ich kein Unglück;
denn du bist bei mir,
dein Stecken und Stab trösten mich.
Du bereitest vor mir einen Tisch
im Angesicht meiner Feinde.
Du salbest mein Haupt mit Öl
und schenkest mir voll ein.
Gutes und Barmherzigkeit werden mir folgen mein Leben lang,
und ich werde bleiben im Hause des Herrn immerdar.

PSALM 23

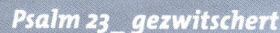

Psalm 23_ gezwitschert

So ist Gott: Er schaut nach mir, sorgt, nährt, erfrischt,
orientiert, rettet, tröstet, nimmt Angst, verwöhnt.
Bei ihm ist Party ohne Ende.

49

ABER

Scheitern,
aber nicht verbittern.

Betrogen werden,
aber nicht betrügen.

Illusionen aufgeben,
aber nicht die Hoffnung.

Enttäuschungen erleiden,
aber nicht resignieren.

Sich abfinden,
aber nicht abstumpfen.

Belogen werden,
aber aufrichtig bleiben.

Träume verlieren,
aber nicht das Träumen.

HANS KRUPPA

Rindergulasch

Vater und Sohn

„Wäre es nicht an der Zeit", nimmt Clemens' Vater mit sanfter Stimme das Gespräch mit seinem Jüngsten auf, *„nach einem geeigneten Beruf zu suchen?"*

Clemens hatte zwei Semester Angewandte Freizeitwissenschaften studiert und anschließend sein Heil in einer ganzheitlichen Schamanenausbildung gesucht. Sorgfältig hört er in sich hinein. Schließlich sagt er:

„Ich weiß nicht. Es ist nicht so leicht."
Der Vater nickt verständnisvoll. *„Wie wäre es denn mit Krankengymnastik? Da kannst du auch Menschen helfen."*

„Ich weiß nicht", sagt Clemens und das muss erstmal genügen.

Clemens' Vater hat ein großes Herz, einen zweiten Sohn namens Martin und ein kleines, aber florierendes Blumengeschäft. Den opera-tiven Teil hat er mittlerweile Martin übergeben, sodass er selbst sich hingebungs-voll seinen acht Kugelfischen widmet, die sensibel auf Sonnenlicht und Räucherstäbchen reagieren. Insofern ist er insgeheim froh über das jähe Ende von Clemens' schamanischer Laufbahn.

„Vater", sagt Clemens zwei Wochen später in einem seltenen Moment von Entschiedenheit: *„In einem Expertenforum habe ich eine*

dreistufige Weiterbildung zum oktogonalen Coach gefunden. Zum Einsteigerpreis von dreiundzwanzigtausend Euro kann ich sofort beginnen."

„Ach", sagt der Vater und staunt, was es alles gibt. Dann überweist er die nötige Anzahlung, indem er eine Zusatzaltersvorsorge auflöst, während sein Sohn mit dem Auto zu seinem ersten Workshop aufbricht.

Martin klingt weniger begeistert, als er von den beruflichen Plänen seines Bruders hört. *„Bist du verrückt, ihm für so was Geld zu überweisen? Was soll das überhaupt sein?"*

Sein Vater wiegt sanft das Haupt. *„Vielleicht ist es das Richtige für ihn ..."*

„Und dein Auto? Hat er wenigstens gefragt?"

„Ach, das hat er in der Eile bestimmt vergessen." Die Blumen liefert er fortan mit dem Fahrrad aus. Etwas Bewegung tut sowieso gut.

Am 19. April kommt eine Mail von Clemens. Man habe ihm geraten, an einer rituellen Schwitzhüttenkur zur Burnout-Prävention teilzunehmen. Ob der Vater wohl Clemens' Anteil am Geschäft veräußern könne?

Martin bekommt Herzrasen. *„Das wirst du doch nicht tun? Du wirst doch unser Geschäft nicht für die Sperenzien meines kindischen Bruders aufs Spiel setzen?"* „Wenn er es doch braucht ..."

Eine Weile hören sie nichts von Clemens. Die Schwitzhüttenkur erwies sich als Flop, weil Clemens nach zwanzig Minuten einfiel, dass er Saunagänge noch nie mochte. Nach dieser Enttäuschung brauchte er dringend eine Aufheiterung, sodass er sich einer Goa-Party anschloss. Drei Tage später wachte er benommen in einem Rapsfeld auf. *„Raps"*, flucht er. *„Die stinkendste aller Pflanzen!*

Womit habe ich das verdient? Ach, wäre ich doch in Vaters Blumenladen geblieben, der würde mir jetzt wenigstens einen ordentlichen Kaffee kochen!"

Aber dann reißt er sich zusammen, weil er einsieht, dass es für einen Mann seines Alters wirklich an der Zeit ist, seinen eigenen Weg zu gehen.

Er bucht mit der Kreditkarte seines Vaters einen Flug nach Nepal, um dort aus der Bahn geworfene Jugendliche mit Rat und Tat zu unterstützen. Nepal stellt sich als schwül und wenig einladend heraus. Die Jugendlichen interessieren

sich nicht für seine Lebenserfahrung (was auch mit Clemens' mangelhaftem Englisch zusammenhängen könnte). Stattdessen besteht seine Arbeit darin, Reis zu kochen und Klos zu putzen.

Clemens fühlt sich ausgebeutet und bittet seinen Vater um eine Expressüberweisung von zweitausend Euro. Das Geld geht zu einem großen Teil für den Rat eines in einschlägigen Traveller-Foren angesehenen Gurus drauf, der Clemens eine tiefe spirituelle Sehnsucht bescheinigt, die am besten durch ein Bad mit Delfinen zu stillen sei.

Zufällig böte ein indischer Freund solche Bootstouren für nur zweihundertvierzig Dollar an. Clemens preist in einer seiner seltenen Mails die örtliche Hilfsbereitschaft, die gar nicht zu vergleichen sei mit dem westeuropäischen Misstrauen.

Clemens' Bruder tobt. Der Vater brüht ihm zur Beruhigung einen Tee aus selbst getrockneten Melissenblüten. *„Der Junge tut sich einfach schwerer als du. Der muss erstmal herausfinden, was er will."*

„Vielleicht sollte er hier mal suchen. Bei der Arbeit", grollt Martin.

Am 23. Mai kommt ein Anruf von der deutschen Botschaft in Kathmandu. Man habe hier einen aufgelösten Deutschen, der beim Verkauf von Marihuana erwischt worden sei, was den örtlichen Behörden missfiele. *„Ach Papa"*, schluchzt Clemens, *„es ist so ungerecht! Dabei wollte ich doch nur eigenes Geld verdienen! Wäre ich nur zu Hause geblieben, da ist alles viel leichter!"*

„Junge", sagt der Vater. *„Komm mit dem nächsten Flug. Ich buche das Ticket."*

Am 27. Mai steht Clemens braun gebrannt im Blumenladen seines Vaters, der gerade einen Beerdigungskranz für Kunzes Hilde bindet. *„Clemens"*, ruft er, *„Junge! Gut, dass du wieder hier bist!"* Clemens' Bruder teilt diese Sicht nicht so uneingeschränkt. *„Weißt du eigentlich, wie viel Geld du verprasst hast?" „Ach"*, beschwichtigt der Vater, weil er keinen Streit zwischen den Brüdern mag. *„Mutters Notgroschen – Gott hab sie selig! – haben wir ja noch. Ich koche dir erstmal einen schönen Kaffee. Und dann bestellen wir Rindergulasch beim Metzger. Du bist ja ganz schmal geworden!"*

„Vater!", ruft Martin empört. *„Wann hast du für mich – oder für dich – zum letzten Mal Rindergulasch bestellt?" „Aber Junge, wir beide sind doch auf dem Damm. Wir haben doch die Arbeit und das Geschäft und unsere Scrabble-Abende, und die Rosenzucht ist uns auch gelungen – aber dein Bruder? Der war verloren mit all dem Gedöns! Und immer nur Reis – das ist doch kein Leben! Gut, dass er heil zurück ist!"*

„Namaste!", sagt Clemens, um zu zeigen, dass er wirklich etwas gelernt hat.

SUSANNE NIEMEYER NACH LUKAS 15

54

Als ich vierzehn war,
war mein Vater so unwissend,
dass ich ihn kaum
ertragen konnte.
Aber als ich einundzwanzig
wurde, war ich doch erstaunt,
wie viel der alte Mann
in sieben Jahren
dazugelernt hatte.

MARK TWAIN

Der Himmel bist **du**

Der Himmel ist ein Zimmer ohne Heizung unterm Dach.
Der Himmel ist das Butterbrot nach einem langen Tag.
Der Himmel ist ein Schlager, den Juan am Bahnhof singt.
Der Himmel ist die Lerche, die dir eine Nachricht bringt.

Der Himmel bist du, du, du, du. Ob wir oben oder unten sind.
Der Himmel bist du, du, du, du. Ob wir Streuner oder Helden sind.
Der Himmel bist du, du, du, du. Ober wir oben oder unten sind.
Der Himmel bist du.

Der Himmel ist das Foto, das ich gestern von dir fand.
Der Himmel ist der Regenschirm, der irgendwann verschwand.
Der Himmel ist die Sohle unter meinem neuen Schuh.
Der Himmel, meine Liebe, ist ein Hafen so wie du.

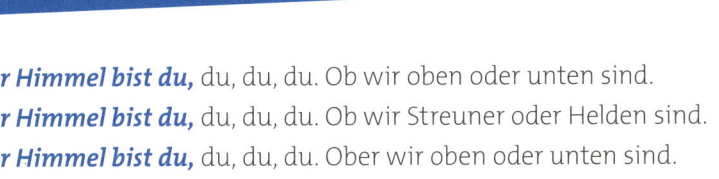

Der Himmel bist du, du, du, du. Ob wir oben oder unten sind.
Der Himmel bist du, du, du, du. Ob wir Streuner oder Helden sind.
Der Himmel bist du, du, du, du. Ober wir oben oder unten sind.
Der Himmel bist du.

Der Himmel ist ein Passwort, kommt in jedes Herz hinein.
Der Himmel ist ein Fischernetz, fängt scheue Träume ein.
Der Himmel ist ein Tänzer kurz nach zwölf im Spätverkauf.
Der Himmel ist ein Bote, steigt mit dir die Berge rauf.

Der Himmel bist du, du, du, du. Ob wir oben oder unten sind.
Der Himmel bist du, du, du, du. Ob wir Streuner oder Helden sind.
Der Himmel bist du, du, du, du. Ober wir oben oder unten sind.
Der Himmel bist du.

MATTHIAS LEMME

Friedensgebet des Heiligen Franziskus

Herr, mach mich zu einem Werkzeug deines Friedens,
dass ich liebe, wo man hasst;
dass ich verzeihe, wo man beleidigt;
dass ich verbinde, wo Streit ist;
dass ich die Wahrheit sage, wo Irrtum ist;
dass ich den Glauben bringe, wo Zweifel droht;
dass ich Hoffnung wecke, wo Verzweiflung quält;
dass ich Licht entzünde, wo Finsternis regiert;
dass ich Freude bringe, wo der Kummer wohnt.
Herr, lass mich trachten,
nicht, dass ich getröstet werde, sondern dass ich tröste;
nicht, dass ich verstanden werde, sondern dass ich verstehe;
nicht, dass ich geliebt werde, sondern dass ich liebe.
Denn wer sich hingibt, der empfängt;
wer sich selbst vergisst, der findet;
wer verzeiht, dem wird verziehen;
und wer stirbt, der erwacht zum ewigen Leben. Amen.
FRANZ VON ASSISI

Fertig aufgeschoben,
keine Zeit mehr für Kompromisse,
jetzt steht alles auf dem Spiel:
Ist auch in deinem Herz
die Friedens-App installiert?
Wenn du und ich
nichts tun für mich,
für dich, für unsere Welt,
tut niemand was.
Berge versetzen? Ziemlich unmöglich!
Doch Steine ins Rollen bringen,
das kann jeder, täglich.
Wie es mit uns allen weitergeht,
hängt ab von dir und mir!

STEPHAN SIGG

Die höchste Form
des Glücks ist ein
Leben mit einem
gewissen Grad an
Verrücktheit.

ERASMUS VON ROTTERDAM

In die Sauna ohne Feigenblatt

Ich gehe ungern in die Sauna.
Hinterher finde ich nie meinen Bademantel wieder, und eiskalte Duschen kommen mir immer wie eine körperliche Strafe vor. Aber die beiden unangenehmsten Momente sind das Betreten und das Verlassen dieses kleinen tropischen Regenwalds. Denn wenn ich ganz locker und entspannt und nackt an den anderen vorbeihusche, ist es nicht zu übersehen, dass ich eine Schwäche für Hamburger habe und das Tennisspielen vor acht Jahren eingestellt habe, angeblich

nur, weil ich es zeitlich nicht mehr schaffe. Mein Körper zeigt in diesen Momenten in der Sauna nicht nur seine Fehlbarkeit, sondern auch die Fehlbarkeit meiner Lebensführung, und kein Feigenblatt könnte groß genug sein, um das zu verbergen.

Dabei ist kein Körper unfehlbar, nicht einmal die der größten Helden und Götter. Superman windet sich am Boden bei Kryptonit, Achilles ist an seiner Ferse verletzlich, und Siegfried hat diese kleine Stelle auf seinem

Rücken, auf die das Blatt gefallen ist, während er im Drachenblut badete. Alle Geschichten machen klar: Du kannst dich noch so bemühen, du kannst dich verstecken hinter Capes und Rüstungen – du wirst immer ein zerbrechlicher, gefährdeter Körper bleiben.

Natürlich geht die Fehlbarkeit von allen Menschen über den Körper hinaus. Fehler passieren die ganze Zeit, vom Verpassen eines Termins über falsche Diagnosen bei einer Krankheit und das Scheitern einer Beziehung bis hin zum Treibhauseffekt, der unsere Lebensgrundlage gefährdet. Die Fehlbarkeit zeigt sich in allen Bereichen.

Aber die Geschichte der Fehlbarkeit beginnt damit, dass zwei Menschen erkennen, dass ihre Körper nicht so sind, wie sie sein sollten. Sie wollen sich verändern und verbessern – und sie scheitern damit. Heute heißt das Selbstoptimierung und kann alles Mögliche beinhalten, wie Yoga, vegane Ernährung, Extremsport, aber auch technische Verkleidungen wie Autos und Smartphones. All das soll reibungslos funktionieren, und es soll uns dabei helfen, reibungslos zu funktionieren. All das soll verkleiden und verbergen, wie schwach und abhängig wir immer bleiben. All das sind unsere Feigenblätter.

Dabei kann es sehr erleichternd sein, nicht unfehlbar sein zu wollen. Die Band Tocotronic hat den wunderbaren Satz gesungen: „Verschwör dich gegen dich, und deine Wunden öffnen sich." Und was passiert, wenn die Wunden sich öffnen? Was zeigt sich dann? Ich glaube, dann zeigt sich, wer wir wirklich sind, was uns ausmacht. Wenn wir unsere Fehlbarkeit nicht zeigen, nicht einmal uns selbst, wenn wir sie nicht zulassen, dann verleugnen wir das Beste und das Spannendste und das Menschlichste in uns. Sylvia Platz hat geschrieben: „Perfection is terrible." Und um mich daran zu erinnern, gehe ich eben doch manchmal in die Sauna. Ohne Feigenblatt.

CHRISTIAN ENGELS

64

Existiert Gott?

So viel vorweg: Seit Charles Darwins Buch „Über die Entstehung der Arten" ist klar: Wissenschaftlich lässt sich die Vielfalt der Natur auch ohne Schöpfergott erklären. Mehr noch: Albert Einsteins Relativitätstheorie ermöglicht Physikern und Astronomen, die Entstehung des Alls mathematisch zu berechnen. Astronomen wissen heute, dass unsere Galaxie nur eine von unzählig vielen ist. Dass unser Sonnensystem sich am Rande dieser Galaxie bewegt und unser Planet durch eine gewaltige Leere um die Sonne schlingert. Geschützt von einer dünnen Gasschicht, überzieht eine unscheinbar dünne Fläche von vielfältigen, auf Kohlenstoff basierenden Verbindungen die Erde. Wir nennen sie Leben.

Wenn existieren bedeutet, dass Gott eines unter vielen Wesen ist, und sei es das höchste, dann existiert Gott nicht. Sondern Gott ist Schöpfer aller Dinge und Wesen, so sagt es auch die Bibel. Gott ist der ganz andere, der Grund von allem.

Dass hinter allem, was existiert, ein Gott steht, der dieses bisschen Leben auf dem Planeten Erde will, ließ sich noch nie beweisen. Das wusste man auch in früheren Jahrhunderten. Gott lässt sich nur glauben. Denn Gottesglaube ist keine Spekulation. Er ist eine menschliche Haltung.

Wer an Gott glaubt, geht davon aus, dass auch dieses Leben auf dem entlegenen Planeten Erde eine Bedeutung hat und gewollt ist. Das ist erst einmal nichts Ungewöhnliches. Von klein auf suchen Menschen hinter allem eine Bedeutung, einen Sinn. Täten sie es nicht, könnten sie nicht lernen zu sprechen. Sie könnten sich nicht in ihrer Welt orientieren.

Aber Gottesglaube ist mehr als Sinngebung. „Was heißt es, einen Gott zu haben, oder was ist Gott?", fragt Martin Luther im großen Katechismus. Antwort: Ein Gott heißt das, von dem man alles Gute erwarten und bei dem man in allen Nöten Zuflucht haben soll, sodass einen Gott haben nichts anderes ist als ihm von Herzen trauen und glauben. Allein das Vertrauen und Glauben des Herzens macht beide, Gott und Abgott. Woran du nun dein Herz hängst und worauf du dich verlässt, das ist eigentlich dein Gott.

Menschen sind von ihrem ersten Atemzug an auf Personen angewiesen und müssen darauf vertrauen, dass die Eltern oder Adoptiveltern schon alles richtig machen: einen versorgen, ansehen, ansprechen, herzen. Menschen formen ihre ersten Gedanken im Austausch mit anderen.

Glaube ist Urvertrauen. Gott ist dessen Gegenüber. Alles andere kann dieses Vertrauen missbrauchen und sich als Abgott entlarven: Macht, Geld, familiäre Sicherheit, Freundschaft. Wer an Gott glaubt, wendet sich an den ganz anderen: „Geheiligt werde dein Name." Jedes Gebet ist Ausdruck der Hoffnung, dass sich die Dinge zum Besseren wenden, im Privaten wie im Großen. „Ich glaube, dass Gott kein zeitloses Fatum (Schicksal) ist, sondern dass er auf aufrichtige

Gebete und verantwortliche Taten wartet und antwortet", schrieb der Theologe Dietrich Bonhoeffer.

Das Gegenteil von Glauben ist Resignation. Glaube heißt, sich die Bejahung des Lebens zu eigen zu machen: „Dein Reich komme." Wer an Gott glaubt, macht sich nicht zum unbeteiligten Beobachter, wenn das Leben sich selbst verbrennt und vernichtet, sondern wirft all sein Vermögen in die Waagschale, um den Kräften der Selbstzerstörung entgegenzuwirken.

Glaube schließt ein Eingeständnis der eigenen Ohnmacht ein: „Dein Wille geschehe." Wer als Weltenretter eigene Heilsvorstellungen durchsetzen will, glaubt nicht an Gott, sondern setzt sich an dessen Stelle. Wer glaubt, hält sich bereit, angesprochen zu werden. Dogmatische und ideologische Verbohrtheit können gar kein Glaube sein, weil Menschen sich aus Angst vor Neuem verschließen. Wer wirklich auf Gott vertraut, hat keine Angst, infrage gestellt zu werden, sich zu verändern und dazuzulernen.

Gott ist das Gegenüber dieses Vertrauens und Hoffens. Es ist schwer, angesichts des Irrsinns in der Welt, den Glauben aufrechtzuerhalten, dass da ein Gott ist, der jedes Leben will und es liebt. Aber es ist den Versuch wert.

BURKHARD WEITZ

Alles wird *leicht*

Trau dich hinaus, halt die Nase in den Wind.
Bleib nicht zuhaus, wenn der Wolkenvorhang fällt.
Das ist die Zeit, auf die du so lang gewartet hast.
Alles gelingt, alles wird leicht.

Sieh dich mal um, auf den Beinen in die Welt.
Keiner ist stumm, wenn das Licht vom Himmel fällt.
Das ist die Zeit, auf die ihr so lang gewartet habt.
Alles gelingt, alles wird leicht.

Trau der Welt mal einen Lauf zu, lass die Träume raus ans Licht.
Fühl die Glut in deinem Herzen, glaub dem Geist, der dir verspricht.
Trau der Welt mal einen Lauf zu, lass die Träume raus ans Licht.
Alles gelingt, alles wird leicht.

Jetzt geht es los, ihr seid frei, steckt andre an,
lebt aus dem Fluss, der Geschichte schreiben kann.
Das ist die Zeit, auf die Gott so lang gewartet hat.
Alles gelingt, alles wird leicht.

Trau der Welt mal einen Lauf zu, lass die Träume raus ans Licht.
Fühl die Glut in deinem Herzen, glaub dem Geist, der dir verspricht.
Trau der Welt mal einen Lauf zu, lass die Träume raus ans Licht.
Alles gelingt, alles wird leicht.

MATTHIAS LEMME

Unter Gottes
Schutz

Wer unter dem Schirm des Höchsten sitzt
und unter dem Schatten des Allmächtigen bleibt,
der spricht zu dem Herrn:
Meine Zuversicht und meine Burg,
mein Gott, auf den ich hoffe.
Denn er errettet dich vom Strick des Jägers
und von der verderblichen Pest.
Er wird dich mit seinen Fittichen decken,
und Zuflucht wirst du haben unter seinen Flügeln.
Seine Wahrheit ist Schirm und Schild,
dass du nicht erschrecken musst vor dem Grauen der Nacht,
vor dem Pfeil, der des Tages fliegt,
vor der Pest, die im Finstern schleicht,
vor der Seuche, die am Mittag Verderben bringt.
Wenn auch tausend fallen zu deiner Seite
und zehntausend zu deiner Rechten,

Du Sonnenschirm,
du Schutzmauer,
du Warner,
du Medizin,
du Flügelflausch,
du Steinstolperverhin-
derungsengelschicker.
Durch dich lebe ich.

so wird es doch dich nicht treffen.
Ja, du wirst es mit eigenen Augen sehen
und schauen, wie den Frevlern vergolten wird.
Denn der Herr ist deine Zuversicht,
der Höchste ist deine Zuflucht.
Es wird dir kein Übel begegnen,
und keine Plage wird sich deinem Hause nahen.
Denn er hat seinen Engeln befohlen,
dass sie dich behüten auf allen deinen Wegen,
dass sie dich auf den Händen tragen
und du deinen Fuß nicht an einen Stein stoßest.
Über Löwen und Ottern wirst du gehen
und junge Löwen und Drachen niedertreten.
Er liebt mich, darum will ich ihn erretten;
er kennt meinen Namen, darum will ich ihn schützen.
Er ruft mich an, darum will ich ihn erhören;
ich bin bei ihm in der Not,
ich will ihn herausreißen und zu Ehren bringen.
Ich will ihn sättigen mit langem Leben
und will ihm zeigen mein Heil.

PSALM 91

Heimliche Weise

Träume sind keine materiellen Objekte.
Und auch Glück ist niemals ein Was, sondern immer ein Wie,
kein Gegenstand, sondern ein Talent.
Glücklichsein und Träumen: Raum und Zeit überwinden,
gestern und morgen genauso spielend vertauschen
wie innen und außen.
Glückliche Träumer – so dumm sie auch scheinen mögen –
sind in Wahrheit heimliche Weise.

ERNST WILHELM HEINE

Der Engel, der das Feuer entfacht

Frau Moss hat dreiundzwanzig Telefonate geführt. Der Engel findet das übertrieben. Frau Moss sitzt im Zug. Sie hat vergessen, wohin er fährt, weil sie so viel zu organisieren hat. Frau Moss hat eine Mission, aber weil sie so viel zu organisieren hat, hat sie vergessen, worum es eigentlich geht. Frau Moss weiß nur: Es ist wichtig. Drei Menschen haben wegen der Telefonate bereits den Waggon gewechselt, aber Frau Moss merkt so etwas nicht mehr. Wenn sie es bemerken würde, würde es ihr einen Stich versetzen, weil die Leute doch einsehen müssten, wie wichtig es ist, was sie tut. Aber Frau Moss will keine Stiche spüren. Wer will das schon, fragt sich der Engel. Trotzdem telefonieren andere nicht, sondern packen ein Wurstbrot aus oder blättern in der Zeitung, als gäbe es nichts Wichtigeres in der Welt.

Der Zug fährt. Frau Moss telefoniert. Draußen ist Sommer. Drinnen ist Frau Moss. Der Engel ist auch da, aber den bemerkt Frau Moss nicht. Niemand bemerkt ihn. So ein Engel macht nicht viel Aufhebens um sich. Er telefoniert auch nicht. Seine Aufgabe ist eine andere: Frau Moss aus der Bahn zu werfen.

Der Zug wird langsamer. Das vorüberziehende Band verwandelt sich in einzelne Felder. Bis zum Horizont nichts als Felder. Frau Moss schaut auf. Sie runzelt die Stirn. Ein langsam werdender Zug bedeutet Verspätung. Ungeduldig sieht sie hinaus, aber sie kann keinen Grund für einen Halt erkennen. Felder, so weit ihr Auge reicht. Als Kind ist sie mit nackten Beinen durch die Stoppeln gerannt. Dass ihr das jetzt wieder einfällt. Felder im August riechen gut. Wie geröstetes Brot. Merkwürdig, dass man Gerüche nicht vergisst. Als gäbe es irgendwo einen Speicher, auf dem sie jahrelang lagern. Wozu bloß? Plötzlich öffnet sich der Speicher und ein vergangenes Gefühl taucht auf:

Sehnsucht. Möglich, dass der Engel seine Hände im Spiel hat. Frau Moss schaut aus dem Fenster und will es verscheuchen. Sehnsucht ist ein Gefühl, das stört. Es ruft einen immer hinaus. Jetzt sitzt es draußen auf dem Feld, von Frau Moss nur durch eine Glasscheibe getrennt.

Der Zug ist mittlerweile ganz zum Stehen gekommen. Niemanden scheint das weiter zu stören. Frau Moss greift nach ihrem Handy. Aber hier gibt es keinen Empfang. Sie legt es wieder weg und wird nervös. Um zwölf Uhr dreißig beginnt die Besprechung. Jetzt ist es elf Uhr vierzig. Selbst wenn sie gleich ein Taxi bekommt, wird es knapp. Im Waggon ist es ganz still. Nicht mal eine Durchsage gibt es. Das ist ja nicht auszuhalten, denkt Frau Moss und steht auf. Im Gang ist niemand, nur eine

Werbung für die Malediven, einem gänzlich unerreichbaren Ort, wenn man mit dem Zug unterwegs ist.

Der Engel findet, dass es jetzt Zeit ist, die Tür zu öffnen. Die entweichende Luft macht einen zischenden Laut, es piept und dann fließt die Hitze ins Innere des Zuges. Frau Moss starrt auf die Tür. Türen dürfen unterwegs nicht offen stehen, Frau Moss sieht sich unsicher nach einem Schaffner um. Aber niemand ist da, der eingreifen könnte. Hier ist Frau Moss und dort ist das weite Feld und dazwischen die Lücke. Der Engel gibt ihr einen Schubs, einen kleinen nur. Dann steht sie draußen.

Frau Moss blinzelt, so hell ist es auf einmal. Sie geht ein paar Schritte durch die Stoppeln. Das gibt bestimmt Laufmaschen, denkt sie.

Aber sie geht trotzdem weiter. Was tust du da bloß, fragt sie sich. Du kannst doch nicht einfach aussteigen! Die Luft flirrt, als hätte jemand ein Feuer entfacht. Frau Moss kneift die Augen zusammen und ist sich plötzlich nicht sicher, ob sie vor sich nicht tatsächlich etwas auflodern sieht. Oder bildet sie sich das ein? So ein Feuer kann doch nicht aus dem Nichts entstehen! Das weckt ihre Neugier. Schön, denkt der Engel, jetzt haben wir schon zwei Gefühle: Sehnsucht und Neugier. Die passen gut zusammen.

Sie stolpert übers Feld, immer auf die Flammen zu. Denn dass da Flammen sind, kann sie mittlerweile deutlich erkennen. Plötzlich bleibt sie abrupt stehen. Vor ihr brennt es. Die Erde ist verkohlt, aber es gibt kein Holz, kein

Reisig, nicht mal Stroh. Das Feuer brennt aus dem Nichts.

Was dann passiert, ist schwer zu beschreiben. Frau Moss hört ihren Namen: Anna. Ganz klar, ganz deutlich. Jemand hat nach ihr gerufen. Obwohl weit und breit niemand zu sehen ist. Sie antwortet: „Hier bin ich."

In diesem Moment fährt der Zug weiter, ohne sie. Die Stimme sagt: „Dies ist ein heiliger Ort. Zieh deine Schuhe aus." Die Worte berühren sie. Sie erinnern sie an ein Gedicht, dessen Autor sie nicht mal kennt. Jahrelang trug sie es in ihrer Geldbörse, bis der Zettel so brüchig war, dass er zerfiel.

Sie löst die Riemen ihrer Schuhe. Sie streift die Strümpfe ab. Vorsichtig setzt sie ihre Füße auf die Erde. Das fühlt sich gut an. Warm und fest, und Frau Moss ist auf einmal wieder Anna, die es liebte, barfuß zu gehen, am liebsten den ganzen Sommer lang. Anna. Anna war neugierig, unbeschwert und jung. Anna liebte es, Kartoffeln aus dem Feuer zu holen und sie mit den Fingern zu essen. Den Wind im Haar zu spüren und abgeschnittene Jeans zu tragen. Über Baumstämme zu balancieren und die Füße in den Bach zu halten. Interessiert den Blutegeln zuzusehen und die Beine im richtigen Moment wegzuziehen. In solchen Momenten konnte Anna alles und sich selbst vergessen. Zeit spielte keine Rolle. Es war die Zeit vor dem Druck der Zeit. Es gab nichts außer dem Augenblick. Jeder Tag war ein neues Leben. Alles war aufregend, unfertig und offen. Das fällt Frau Moss ein, während sie auf ihre nackten Füße schaut.

O Gott, denkt sie, ich will das wieder fühlen! Niemand ist da, der sagt, das geht nicht, wenn man erwachsen ist und Verantwortung trägt. Nur der Engel ist da und der schweigt. Er überlässt jetzt Gott das Wort.

„Geh", sagt Gott zu Anna.

Plötzlich ist Anna wieder Frau Moss. Zurückverwandelt. Entsetzt sieht sie auf ihre Füße, sie dreht sich nach den Gleisen um, aber da ist nichts zu sehen. Der Zug ist abgefahren. Sie spürt Panik in sich aufsteigen, wohin soll sie denn gehen? Man kann schließlich nicht einfach aus seinem Leben aussteigen! Worauf Gott bemerkt, dass man für gewöhnlich auch aus keinem fahrenden Zug aus-steigen könne, und dennoch habe sie genau das eben getan. Weiterhin, dass sie möglicherweise gar nicht die Einzige sei, die die Sehnsucht verloren habe, und dass Anna den anderen ja behilflich sein könne beim Wieder-finden.

Nun hätte Frau Moss das vielleicht gekonnt, dafür gibt es Methoden und Seminare, die man buchen kann. Sicher würde sie auch entsprechende Literatur finden. Aber Anna? Anna ist doch nur ein Kind. Warum sollte jemand auf ein Kind hören?

Gott sind diese Gedanken nicht neu. Er kennt Frau Moss und er kennt Anna. Deshalb hält er sich nicht mit Begründungen auf, sondern sagt schlicht: „Weil ich dich schicke."

Anna würde das reichen, aber Frau Moss überzeugt es nicht. Gott ruft in ihr reichlich unkonkrete Vorstellungen hervor. Sie hat sich schon lange nicht mehr mit ihm beschäftigt. Ihr fehlt einfach die Zeit dafür. Auch die Notwendigkeit. Bevor Frau Moss jedoch etwas einwenden kann, fällt ihr Anna ins Wort. Sie fragt Gott:

„Wie heißt du denn?"

„Ich werde sein", sagt Gott.

Und Anna, die mit nichts weiter als ihren nackten Füßen und einer großen Sehnsucht auf einem Stoppelfeld steht, gefällt das. Weil Sehnsucht immer im Werden ist.

SUSANNE NIEMEYER NACH 2. MOSE 3

Lebenslust

Offen und lebendig
bleibt der Mensch,
der sich mit
dem bunten Schirm
neugieriger Lebenslust
gegen den Regen
der Routine schützt.

HANS KRUPPA

Echte Freunde

Freunden kann auch mal der Kragen platzen, wenn sie mit dir reden, aber nur weil ihr Herz für dich bis zum Halse schlägt.

Freunde stört es nicht, bei dir fernzusehen, auch wenn du schon längst ins Bett gegangen bist.

Freunde kämpfen für dich nächtelang im Gebet und sagen dir: „Ich habe neulich an dich gedacht!"

Freunde möchten deine Welt kennen lernen und entdecken immer neue Erdteile.

Freunde erleben dich mit verklebten Augen, ungewaschenen Haaren und sehen dahinter deine Einzigartigkeit und Schönheit.

Freunde können es sich leisten, bei einem Witz, den du erzählst, nach der Pointe zu fragen.

Bei Freunden kannst du nachts um halb drei klingeln und sie fragen: „Kaffee oder Tee?"

Freunde reden manchmal blödes Zeug, weil sie wissen, dass du keine Goldwaage im Keller hast.

Freunde kennen sich nicht in deiner Brieftasche aus, dafür aber in deinem Kühlschrank.

Freunde geben dir im Winter ihr letztes Hemd und behaupten, sie wollten sich sowieso gerade sonnen.

Freunde machen es so ähnlich wie Gott: Sie mögen dich so, wie du bist, trauen dir aber zu, dass du dich verändern kannst.

ALBRECHT GRALLE

83

Perspektiv-
wechsel

Auf dem Weg zum Bus merke ich es. Es ist etwas im
Gange. Die Tulpen nicken mir zu. Es geht kein Wind, nur
mein Mantel fliegt, während ich eile. Der Engel stellt mir
ein Bein. Ich fliege auf die Nase. Hej rufe ich, das ist
nicht nett! Ich bin heil geblieben, bis auf mein Selbst-
bewusstsein, das ist ein bisschen angeknackst.

Jetzt sollte ich mich aufrappeln. Den Staub von den
Knien wischen. So tun, als sei nichts gewesen. Aber ich
bleibe liegen. Ein Marienkäfer schaut mich neugierig an.
Aus dieser Perspektive habe ich die Welt schon lange
nicht mehr betrachtet. Das Gras ist weich. Es duftet nach
Klee. Ich drehe mich auf den Rücken und sehe Himmel.

SUSANNE NIEMEYER

Wenn ihr bei allem, was ihr tut,
die Liebe nicht vergesst,
dann seid ihr auf dem richtigen Weg.

TWEET ZU PETRUS 3,8–17

INHALT
Seite

VERZEICHNIS
DER AUTORINNEN UND AUTOREN

MAYA ANGELOU (1928–2014)

US-amerikanische Schriftstellerin, Professorin und Bürgerrechtlerin

FRANZ VON ASSISI (1181–1226)

Begründer der Franziskaner, in der römisch-katholischen Kirche als Heiliger verehrt

HANNA BUITING

freie Autorin, Kolumnistin und Journalistin, www.hannabuiting.de

BONAVENTURA (1221–1274)

Philosoph und Theologe der Scholastik, Generalminister der Franziskaner und Kardinal von Albano

DIETRICH BONHOEFFER (1906–1945)

lutherischer Theologe, Vertreter der Bekennenden Kirche und Widerständler gegen den Nationalsozialismus, hingerichtet im KZ Flossenbürg

STEFAN EBERT

Singer/Songwriter, www.stefan-ebert.de

CHRISTIAN ENGELS
Pfarrer und Senderbeauftragter im Gemeinschaftswerk der Evangelischen Publizistik für das Privatfernsehen, die Deutsche Welle und Phoenix

ALBRECHT GRALLE
freier Schriftsteller und Theologe, www.albrechtgralle.de

AXEL HACKE
Schriftsteller und Kolumnist des „Süddeutsche Zeitung Magazins"

ERNST WILHELM HEINE
Architekt und freier Autor, der neben kulturgeschichtlichen Büchern vor allem durch skurril-makabre Geschichten bekannt wurde

HANS KRUPPA
deutscher Dichter und Erzähler, freier Schriftsteller, www.hans-kruppa.de

MATTHIAS LEMME
Pastor in Hamburg-Ottensen und Autor

MARC LEVY
französischer Schriftsteller und Filmproduzent

GEORG MAGIRIUS
Schriftsteller, Theologe, Journalist und Featureautor für den ARD-Hörfunk, www.georgmagirius.de

MARILYN MONROE (1926–1962)
eigentlich Norma Jeane Mortenson, US-amerikanische Schauspielerin und Sängerin, Fotomodel und Filmproduzentin

SUSANNE NIEMEYER
freie Autorin und Bloggerin, www.freudenwort.de

TOBIAS PETZOLDT
Diakon und Texter, www.zwischenfall.net

ERASMUS VON ROTTERDAM (1466/67/69–1536)
niederländischer Gelehrter des Renaissance-Humanismus, Theologe, Priester, Augustinerchorherr, Philologe und Autor

DANIEL SCHNEIDER
Journalist und Theologe, freiberuflicher Fernseh-, Buch- und Radioautor, Sprecher und Moderator, u. a. für WDR Fernsehen und BibelTV.

STEPHAN SIGG

römisch-katholischer Theologe, Autor und Verleger aus der Schweiz,
www.stephansigg.com

MARK TWAIN (1835–1910)

eigentlich Samuel Langhorne Clemens, amerikanischer Schriftsteller

BURKHARD WEITZ

Pfarrer und Journalist, als chrismon-Redakteur verantwortlich für die
Abo-Ausgabe chrismon plus

NACHWEIS DER ABDRUCKRECHTE

Seite 5
Marc Levy, aus: Freude. Schätze aus 20 Jahren „Der andere Advent", S. 77, Andere Zeiten e.V. 2014, ursprüngl. aus: Solange du da bist. © Susanna Lea Associated, London, New York, Paris.

Seite 8
Susanne Niemeyer, aus: Zeig dich! Sieben Wochen ohne Kneifen, Fastenlesebuch 2018, S. 67f., edition chrismon 2017.

Seite 10
Mark Twain, www.gutezitate.com

Seite 11
Hans Kruppa, Lebenskunst aus: Ders. Ein bißchen Glück für jeden Tag. Gedichte, Märchen und Gedanken, S. 47, Coppenrath 2019. © Hans Kruppa, www.hans-kruppa.de

Seite 12
Dietrich Bonhoeffer, www.dietrich-bonhoeffer.net

Seite 14
Daniel Schneider, aus: InstaBibel. 52 Geschichten aus dem Alltag mit Beiträgen von „Kirche in 1LIVE", S. 46, Deutsche Bibelgesellschaft und WDR 1LIVE 2020.

Seite 15
Daniel Schneider, aus: Insta-Bibel. 52 Geschichten aus dem Alltag mit Beiträgen von „Kirche in 1LIVE", S. 94, Deutsche Bibelgesellschaft und WDR 1LIVE 2020.

Seite 18
Tobias Petzoldt, aus: Ders. Von Wegen. Ein Begleiter fürs Pilgern, Wandern, Leben, S. 50f., edition chrismon 2021.

Seite 22
Burkhard Weitz: Wozu braucht man die Bibel? Aus: Religion für Einsteiger, Quelle: https://chrismon.evangelisch.de/artikel/2018/40343/vom-sinn-einer-heiligen-schrift

Seite 28
Bonaventura: Weiß, Weltgeschichte, VIII. 466.

Seite 30
Hanna Buiting: Blogbeitrag für den Blog „Vom Sehen und Suchen" auf evangelisch.de vom 25.6.2018, Quelle: https://www.evangelisch.de/blogs/vom-sehen-und-suchen/150705/25-06-2018

Seite 32
Stefan Ebert: Für die Sterne, aus: Dota Kehr: Die Freiheit, Kleingeldprinzessin Records, Berlin 2018.

Seite 36
Axel Hacke, Über den Anstand in schwierigen Zeiten und die Frage, wie wir miteinander umgehen © Verlag Antje Kunstmann GmbH, München 2017.

Seite 42
Matthias Lemme: Darauf vertrau ich, Quelle: https://www.monatslied.de/de/Lieder.php?L=2285

Seite 44

Georg Magirius: Liegestuhl. Urlaub machen wie früher: Das Gebet. Aus: Ders.: Erleuchtung in der Kaffeetasse. Große Fragen und das tägliche Allerlei. S. 76–78, Claudius 2012. Mit freundlicher Genehmigung des Autors.

Seite 47

Marilyn Monroe, https://zitate-zumnachdenken.com/marilyn-monroe/1667

Seite 50

Hans Kruppa: Aber, aus: Ders. Ein bißchen Glück für jeden Tag. Gedichte, Märchen und Gedanken, S. 100, Coppenrath 2019. © Hans Kruppa, www.hans-kruppa.de

Seite 51

Susanne Niemeyer, aus: Kirschen essen. Liebesgeschichten aus der Bibel, S. 65–69, edition chrismon 2020.

Seite 55

Mark Twain: https://www.aphorismen.de/zitat/10861

Seite 56

Matthias Lemme: Der Himmel bist du, Quelle: https://www.monats-lied.de/de/Lieder.php?L=2535

Seite 59

Stephan Sigg, aus: Friedensrap. Das Franziskus-Gebet für junge Menschen, S. 6, Tyrolia 2013.

Seite 62

Christian Engels, aus: Zeig dich! Sieben Wochen ohne Kneifen, Fastenlesebuch 2018, S. 73f., edition chrismon 2017.

Seite 65

Burkhard Weitz: Existiert Gott? Aus: Religion für Einsteiger, Quelle: https://chrismon.evangelisch.de/artikel/2018/37601/religion-fuer-einsteiger-existiert-gott

Seite 68

Matthias Lemme: Alles wird leicht. Quelle: https://www.monatslied.de/de/Beteiligte.php?P=1679&Back-URL=/de/Lieder.php?L=2058&Back-URL=/de/Beteiligte.php?P=1679&BackURL=/de/Lieder.php?L=2058&BackURL=508&nc=kill

Seite 72

E. W. Heine: Nur wer träumt, ist frei, S. 89, 6. Auflage, btb Verlag, München, in der Verlagsgruppe Random House GmbH 1997, 1992 Gerstenberg Verlag, Hildesheim. © E. W. Heine http://ewheine.de

Seite 74

Susanne Niemeyer, aus: Fliegen lernen. Engelsgeschichten aus der Bibel, S. 49–54, edition chrismon 2018.

Seite 80

Hans Kruppa: Lebenslust, aus: Ders. Ein bißchen Glück für jeden Tag. Gedichte, Märchen und Gedanken, S. 56, Coppenrath 2019. © Hans Kruppa, www.hans-kruppa.de

Seite 82

Albrecht Gralle, aus: Freude. Schätze aus 20 Jahren „Der andere Advent", S. 37, Andere Zeiten e. V. 2014. Mit freundlicher Genehmigung des Autors.

Seite 84
Susanne Niemeyer, aus: Fliegen
lernen. Engelsgeschichten aus der
Bibel, S. 125, edition chrismon 2018.

Bibeltexte
Lutherbibel, revidiert 2017, © 2016
Deutsche Bibelgesellschaft,
Stuttgart

Bibeltexte_gezwitschert
Und Gott chillte. Die Bibel in
Kurznachrichten, 7. Auflage 2021,
edition chrismon 2016.

Leider ist es uns trotz intensiver
Bemühungen nicht gelungen,
alle Rechteinhaber zu erreichen.
Betroffene Rechteinhaber bitten
wir um Nachsicht und um entspre-
chenden Hinweis. Vielen Dank!

NACHWEIS BILDRECHTE

Seite 6–7
Jeeni / photocase.de

Seite 16–17
bernjuer / photocase.de

Seite 20
luxuz:::. / photocase.de

Seite 23
mashiki / photocase.de

Seite 29
Ballonkistenmann / photocase.de

Seite 35
madochab / photocase.de

Seite 39
.marqs / photocase.de

Seite 49
kallejipp / photocase.de

Seite 60
Eliza / photocase.de

Seite 70–71
Daniel Chiang / photocase.de

Seite 73
Dabisik / photocase.de

Seite 81
Ricardo Resende / Unsplash

Seite 85
Timmzie / photocase.de

IMPRESSUM

Bibliografische Information der Deutschen Nationalbibliothek:
Die Deutsche Nationalbibliothek verzeichnet diese Publikation in der
Deutschen Nationalbibliografie; detaillierte bibliografische Daten
sind im Internet über http://dnb.d-nb.de abrufbar.

© 2021 by edition chrismon in der Evangelischen Verlagsanstalt GmbH · Leipzig
Printed in EU

Das Buch wurde auf alterungsbeständigem Papier gedruckt.

Umschlag: Anja Haß, Leipzig
Coverbild: © Westend61/gettyimages
Innenlayout: makena plangrafik, Leipzig
Textredaktion: Annegret Grimm, Weimar
Bildredaktion: Lena Uphoff, Frankfurt am Main
Druck und Bindung: Czech News Center a. s.

ISBN 978-3-96038-279-9   ISBN 978-3-438-06299-4
www.eva-leipzig.de   www.die-bibel.de